BEI GRIN MACHT SICH IHR WISSEN BEZAHLT

- Wir veröffentlichen Ihre Hausarbeit, Bachelor- und Masterarbeit

- Ihr eigenes eBook und Buch - weltweit in allen wichtigen Shops

- Verdienen Sie an jedem Verkauf

Jetzt bei www.GRIN.com hochladen und kostenlos publizieren

Bildungstheoretische Überlegungen von Wolfgang Lempert und die Idee der nachhaltigen Entwicklung. Gibt es einen Implikationszusammenhang?

Steve Jäger

Bibliografische Information der Deutschen Nationalbibliothek:

Die Deutsche Nationalbibliothek verzeichnet diese Publikation in der Deutschen Nationalbibliografie; detaillierte bibliografische Daten sind im Internet über http://dnb.d-nb.de abrufbar.

ISBN: 9783346577573
Dieses Buch ist auch als E-Book erhältlich.

© GRIN Publishing GmbH
Nymphenburger Straße 86
80636 München

Druck und Bindung: Books on Demand GmbH, Norderstedt Germany
Gedruckt auf säurefreiem Papier aus verantwortungsvollen Quellen

Das Buch bei GRIN: https://www.grin.com/document/1168011

Hausarbeit

Über den potenziellen Implikationszusammenhang zwischen den bildungstheoretischen Überlegungen Wolfgang Lemperts und der Idee einer nachhaltigen Entwicklung

Inhaltsverzeichnis

1. Einleitung

Dass nachhaltige Entwicklung und berufliche Bildung eine aktuelle und zukunftsorientierte Thematik ist, zeigt beispielsweise der zwölf Modellversuche des Bundesinstituts für Berufsbildung (BIBB). Die Modelle sind Teil des Förderschwerpunkts „Berufsbildung für nachhaltige Entwicklung 2015 – 2019". Sechs dieser zwölf Projekte befassen sich mit der Gestaltung von nachhaltigen Lernorten und haben das Ziel „durch Organisation- und Personalentwicklung [...] Nachhaltigkeit in der Ausbildung und Arbeitspraxis vor Ort für die Auszubildenden konkret erlebbar [zu gestalten] (vgl. Internetquelle 1). Bereits 1992 auf der Konferenz der Vereinten Nationen für Umwelt und Entwicklung in Rio de Janeiro wurde ein Aktionsprogramm beschlossen, welches unter Agenda 21 Bekanntheit erlangte. Dieses entwicklungs- und umweltpolitische Aktionsprogramm beschreibt Handlungsmöglichkeiten, um eine nachhaltige Entwicklung zu erreichen und befasst sich auch mit der Förderung von Bildung und dem Zusammenhang von nachhaltiger Entwicklung.

Ziel der Hausarbeit ist es, den Implikationszusammenhang zwischen den bildungstheoretischen Überlegungen Wolfang Lemperts und der Idee einer nachhaltigen Entwicklung zu analysieren. Hierfür wird zuerst die Geschichte der Nachhaltigkeit kurz dargestellt, um anschließend die Idee einer nachhaltigen Entwicklung detaillierter zu betrachten. Darauffolgend wird anhand des Kompetenzkatalogs de Haans die Rolle von Bildung für eine nachhaltige Entwicklung verdeutlicht sowie die Bedeutung von beruflicher Bildung für eine nachhaltige Entwicklung aufgezeigt. Anschließend werden die bildungstheoretischen Überlegungen Wolfgang Lemperts dargestellt und zuvor die Begrifflichkeiten des Berufs sowie der beruflichen Bildung skizziert. Im Anschluss folgt ein historischer Rückblick auf die Bildungsideale der vergangenen Jahrhunderte, um im Hauptteil der vorliegenden Hausarbeit die Frage nach einem Implikationzusammenhang zu klären. Im darauffolgenden Kapitel werden theoretische Problemfelder, die sie aus dem Kontext beruflicher Bildung für eine nachhaltige Entwicklung ergeben betrachtet, um zu einem abschließenden Fazit zu gelangen.

Aufgrund der Lesbarkeit wird in der vorliegenden Hausarbeit für Personengruppen die maskuline grammatikalische Form verwendet; weibliche Personen sind als impliziert zu verstehen. Dies hat ausschließlich sprachökonomische Gründe.

2. Nachhaltigkeit und nachhaltige Entwicklung

2.1 Nachhaltigkeit

Die Entstehung des Begriffs der *Nachhaltigkeit* geht auf den sächsischen Oberberg-hauptmann Carl von Carlowitz aus dem Jahr 1713 zurück und stammt aus dem Bereich der Forstwirtschaft. Carlowitz forderte eine „kontinuierliche, beständige und nachhaltende Nutzung" des Waldes. Er vertrat den Grundsatz, dass jährlich nur so viel Holz geschlagen werden sollte wie auch nachwachsen konnte, um den Wald für die nächste Generation zu erhalten. Dieses Nachhaltigkeitsprinzip fand später auch Eingang in die Fischereiwirt-schaft, wurde aber weitestgehend auch auf die genannten begrenzt (vgl. Michelsen 2012, S. 26. f.)

> „Im Zuge des Ende des 18. Jahrhunderts einsetzenden Industrialisierungspro-zesses und seiner Begleiterscheinungen konzentrierte sich für die meisten Menschen die Frage nach Wegen gesellschaftlicher Entwicklung bis in die Mitte des 20. Jahrhunderts hinein weitestgehend auf ökonomische und soziale Aspekte. Überlebensfragen sowie die Regelung von Arbeitsbedingungen standen für sie gegenüber dem, was man heute ökologische Probleme nennt, deutlich im Vordergrund" (ebd., S. 27).

Erst auf der Stockholm-Konferenz 1972 der Vereinten Nationen über die menschliche Umwelt kam es zu einer Annäherung zwischen den Ländern des Nordens und denen des Südens, wodurch ein Zusammenhang von Armut und Umweltverschmutzung konstatiert werden konnte und der folgliche „Action Plan for Human Environment" Maßnahmen zum Übereinkommen bezüglich des Umweltschutzes, dem schonenden Umgang mit Ressour-cen, der Umweltforschung und Maßnahmen in Bezug auf Bildung, Ausbildung und Infor-mation der Öffentlichkeit (vgl. ebd. S 28 f.). Der Aspekt der Nachhaltigkeit hat in vielen Maßen weitere Facetten die den Rahmen der vorliegenden Hausarbeit übersteigern, des-halb soll die gegebene kurze Erläuterung genügen und nun die damit korrelierende nach-haltige Entwicklung detaillierter betrachtet werden.

2.2 Nachhaltige Entwicklung

Nachhaltige Entwicklung ist nach Hauff „eine Entwicklung, die die Bedürfnisse der Ge-genwart befriedigt, ohne zu riskieren, dass künftige Generationen ihre eigenen Bedürfnis-se nicht befriedigen können" (Hauff 1987, S. 46).

So hielt das Enquete-Kommission des Deutschen Bundestages „zum Schutz des Men-schen und der Umwelt" in ihrem Abschlussbericht fest:

> „In Deutschland reift allmählich die Erkenntnis, dass mit dem Leitbild der nachhaltig zukunftsverträglichen Entwicklung wich-tige Entwicklungslinien auch jenseits der ökologischen Dimen-

sionen angesprochen werden. Aufgrund der komplexen Zu-
sammenhänge zwischen den drei Dimensionen bzw. Sichtwei-
sen von Ökologie, Ökonomie und Sozialem müssen sie integra-
tiv behandelt werden. dabei geht es – bildhaft gesprochen –
nicht um die Zusammenführung drei nebeneinanderstehender
Säulen, sondern um die Entwicklung einer dreidimensionalen
Perspektive als der Erfahrungswirklichkeit. Die Diskussion ten-
dier dahin, Nachhaltigkeitspolitik als Gesellschaftspolitik zu in-
terpretieren, die im Prinzip auf der langen Sicht alle genannten
Dimensionen gleichberechtigt und gleichwertig behandelt." (Fi-
scher/ Seeber, S. 52)

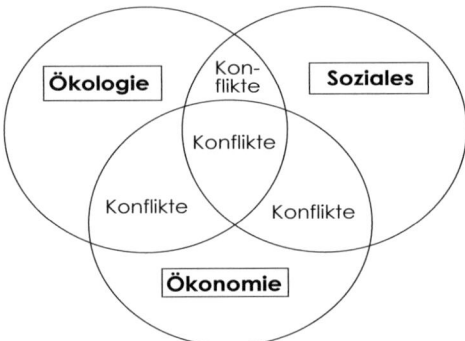

Abb 1: Konflikt beim Drei-Säulen-Modell (Tremmel 2003)

Der Konflikt wurde durch die Frage bestimmt, welcher dieser drei Dimensionen Priorität
zukommen solle. Für alle Argumentationsstränge und Modelle sei die Tatsache relevant,
dass es zwischen den verschiedenen Dimensionen auf der Ziel- und Umsetzungseben zu
Konflikten kommen könne (vgl. Michelsen 2012, S. 66).

Nachhaltige Entwicklung ist ergo „ein langwieriger, komplexer und in sich widersprüchli-
cher Prozess, [der] nicht einfach nachvollzogen oder gestaltet werden [kann]" (Kremer
2007, S. 3).

Hierbei stellt sich die Frage, wie eine Bildung für eine nachhaltige Entwicklung auszuse-
hen hat und welche Bedeutung ihr zukommt.

3. Die Bedeutung von Bildung für eine nachhaltige Entwicklung

Im Diskurs um eine nachhaltige Entwicklung besteht der Konsens darüber, dass eine grundlegende Neuorientierung und Veränderungen erforderlich sei. Ebenso sei es notwendig einen weitreichenden Bewusstseinswandel der Individuen zu erzeugen; dieses kann nur über Lernen verwirklicht werden, so dass der Mentalitätswandel, der mit einer nachhaltigen Entwicklung einhergehen müsse, systematisch initiiert und als Aufgabe des Bildungssystems definiert werden sollte (vgl. de Haan 2004, S. 40).

Bildung sei demnach auch ein wesentlicher Teil des Nachhaltigkeitsprozesses, wie es in der Agenda 21 im Kapitel 36 ausdrücklich hervorgeht. „Bildung ist eine unerlässliche Voraussetzung für die Förderung einer nachhaltigen Entwicklung und die Verbesserung der Fähigkeit des Menschen, sich mit Umwelt- und Entwicklungsfragen auseinanderzusetzen" (BMU, S. 253). Von Bildung werde eine Sensibilisierung und Qualifizierung der Menschen für die Beteiligung an der verantwortlichen Gestaltung zukünftiger Entwicklung, Problembewusstsein für Fragen einer nachhaltigen Entwicklung sowie innovative Beiträge zu allen wirtschaftlichen, sozialen, technischen und kulturellen Problemstellungen zum Schutz des Ökosystems Erde erwartet (vgl. Michelsen 2012, S. 127).

3.1 Bildung für nachhaltige Entwicklung

Nach De Haan hat eine Bildung für nachhaltige Entwicklung die Aufgabe, den Lernenden ein begründetes Angebot an neuen Themen, Arbeitsaufträgen und Instrumenten zur nachhaltigen Entwicklung zur Verfügung zu stellen. Das Angebot soll so aufgebaut sein, dass die Lernenden die Möglichkeit haben Kompetenzen zu erwerben, mit denen diese sich aktiv an einer Zukunftsgestaltung der Gesellschaft beteiligen können (vgl. de Haan 2002, S. 14 f.). Den immanenten Zukunftsbezug der Bildungsprozesse und die Bewältigung komplexer Situationen, die neue Lösungswege erfordern, wird in dem Gutachten zum Programm der „Bund-Länder-Kommission Bildung für eine nachhaltige Entwicklung" *Gestaltungskompetenz* als übergreifendes Bildungsziel benannt (vgl. Michelsen 2012, S. 143). Gestaltungskompetenz wird definiert als das „nach vorne weisende Vermögen, die Zukunft von Sozietäten[1], in denen man lebt, in aktiver Teilhabe im Sinne nachhaltige Entwicklung modifizieren und modellieren zu können" (vgl. de Haan/ Harenberg 1999, S. 62).

Die Gestaltungskompetenz umfasst nach de Haan et al. (2008) zwölf Teilkompetenzen:

---

[1] Zusammenschluss zweier oder mehrerer natürlicher Personen (Sozien) zur gemeinsamen Berufsausübung

- *Kompetenz zur Antizipation:* Vorausschauendes Denken und Handeln ermöglicht es, Entwicklungen für die Zukunft zu bedenken sowie Chancen und Risiken von aktuellen und künftigen, auch unerwarteten Entwicklungen zu thematisieren.

- *Kompetenz, interdisziplinär zu arbeiten:* Ein angemessener Umgang mit Komplexität erfordert das Erkennen und Verstehen von Systemzusammenhängen. Das Verstehen des Prinzips der Retinität, der „Gesamtvernetzung" aller menschlichen Tätigkeiten und Erzeugnisse mit der sie tragenden Natur, ist von fundamentaler Bedeutung.

- *Kompetenz zur Perspektivübernahme:* Phänomene sollen in ihrem weltweiten Bindungs- und Wirkungszusammenhang erfasst und lokalisiert werden, Lösungen für globale Probleme in weltweiten Kooperationen gesucht werden.

- *Kompetenz zum Umgang mit unvollständigen und überkomplexen Informationen:* Risiken, Gefahren und Unsicherheiten sollen erkannt und abgewogen werden können.

- *Partizipationskompetenz:* Von zentraler Bedeutung für eine zukunftsfähige Bildung ist die Fähigkeit zur Beteiligung an nachhaltigen Entwicklungs- und Gestaltungsprozessen.

- *Kompetenz zur Kooperation:* Hierbei geht es darum, gemeinsam mit anderen planen und handeln können.

- *Kompetenz zur Bewältigung individueller Entscheidungsdilemmata:* Zielkonflikte bei der Reflexion über Handlungsstrategien berücksichtigen können, ist von Bedeutung um mit Entscheidungsdilemmata umgehen zu können.

- *Fähigkeit zur Empathie und zur Solidarität:* Das Konzept der Nachhaltigkeit ist eng mit dem Ziel verbunden, mehr Gerechtigkeit zu befördern. Sich in diesem Sinne engagieren zu können, macht es erforderlich, individuelle und kollektive Handlungs- und Kommunikationskompetenzen im Zeichen weltweiter Solidarität auszubilden.

- *Kompetenz, sich und andere motivieren zu können:* Sich mit Nachhaltigkeit zu befassen und Zukunft in ihrem Sinne zu gestalten, erfordert ein hohes Maß an Motivation.

- *Kompetenz zur Reflexion über individuelle wie kulturelle Leitbilder:* Es geht darum, das eigene Verhalten als kulturell bedingt wahrzunehmen und sich mit gesellschaftlichen Leitbildern auseinandersetzen zu können.

- *Kompetenz zum moralischen Handeln:* Vorstellungen von Gerechtigkeit als Entscheidungs- und Handlungsgrundlage nutzen können, ist eine wichtige Voraussetzung um das eigene Handeln im Sinne einer nachhaltigen Entwicklung gestalten zu können.

Zusammenfassend kann also festgehalten werden, dass nach de Haan eine Bildung für nachhaltige Entwicklung Lern-Arrangements schaffen muss, die den Erwerb von Fähigkeiten, Fertigkeiten sowie Wissen unterstützen, um Veränderungen des ökologischen, ökonomischen und sozialen Handelns zu ermöglichen. Diese sollten nicht nur Reaktionen auf bereits bestehende Problemsituationen sein, sondern die ungewisse Zukunft im Blick haben (vgl. de Haan 2002 b, S 94 f.).

3.2 Berufliche Bildung für eine nachhaltige Entwicklung

Die Umsetzung des Leitbildes einer nachhaltigen Entwicklung sei ~~auch~~ eine zentrale Herausforderung für die Akteure der beruflichen Bildung. In kaum einem anderen Bildungsbereich habe der Erwerb von Kompetenzen für nachhaltiges Handeln eine so große Auswirkung auf die Zukunftsfähigkeit wirtschaftlicher, technischer, sozialer und ökologischer Entwicklungen, wie in den Betrieben der Wirtschaft. Eine zentrale Aufgabe der Berufsbildung sei es daher, die Menschen auf allen Ebenen, von der Facharbeit bis zum Management, zu befähigen, Verantwortung zu übernehmen, ressourceneffizient und nachhaltig zu wirtschaften sowie die Globalisierung gerecht und sozialverträglich zu gestalten (vgl. Dietrich/ Hahne/ Winzier 2007, S. 8).

4. Bildungstheoretische Überlegungen Wolfang Lemperts

In den vorherigen Punkten wurde der Begriff Bildung als wichtiger Indikator einer nachhaltigen Entwicklung dargestellt, allerdings nicht definiert. Während der vergangenen zweihundert Jahre wurde der Begriff immer wieder unterschiedlich definiert sowie interpretiert, sodass eine klare Abgrenzung nicht möglich ist (vgl. Fischer/ Hahn 2005, S. 17). Im Folgenden wird zunächst die Bedeutung des Berufs sowie die berufliche Bildung kurz dargestellt und anschließend ein Überblick über die bildungstheoretischen Vorstellungen Wolfgang Lemperts gegeben.

4.1 Zum Beruf und der beruflichen Bildung

Der Begriff *Beruf* stammt aus dem mittelhochdeutschen und bezeichnet heutzutage laut Duden eine „[erlernte] Arbeit, Tätigkeit, mit der jemand sein Geld verdient; Erwerbstätigkeit" (vgl. Internetquelle 2).

Nach Hobbensiefken stellt der Beruf eine historisch-gesellschaftliche Kategorie dar, die für viele als wichtigster Faktor sozialer Integration und Bildung diene. Es sei somit nicht nur funktionsbezogen, also durch gesellschaftliche Anforderungen und Strukturen bedingt (Objektseite), sondern auch ichbezogen, demnach durch individuelle Motive und Interessen bedingt (Subjektseite) (vgl. Hobbensiefken 1996, S. 69).

„Unter *beruflicher Bildung* [...] versteht man die für die Ausübung eines Berufes notwendigen qualifizierenden Maßnahmen, die die Kompetenzen der Erwerbstätigen im fachlichen, personalen [und] sozialen Bereich ausbilden" (vgl. Schild 2013, S. 165).

Demnach sei berufliche Bildung oder auch die Berufsbildung im Bildungssystem als dritte Säule neben der Schule und Hochschule anzusehen und sie umfasse in Deutschland sowohl die Berufsausbildung als auch die berufliche Fortbildung, berufliche Umschulung und berufsvorbereitende, berufserhaltene und berufserweiternde Maßnahmen (vgl. ebd.).

4.2 Bildungsideale

Im Vergleich zu den klassischen und neoliberalen Nationalökonomen zielt das Bildungs-ideal des Neuhumanismus darauf ab, dass die Entfaltung der Persönlichkeit zum Aus-gangspunkt und zur Bezugsgröße gemacht werde (vgl. Rebmann/ Tanfelde/ Uhe, S. 96).

> "Dieses [neuhumanistische] Bildungsideal war deutlich gegen
> eine Halbierung des Menschen gerichtet, die auch im ökonomi-schen
> Denken und vor allem in der wirtschaftlichen Praxis der
> Nutzung und Verwertung als Arbeitskraft stattfand und sich dort
> im Bild vom homo oeconomicus ausdrückte. Dieser "zerstückel-te"
> Menschen erschien den Neuhumanisten als ein Wesen, das
> entgegen seinem Entwicklungsauftrag gewaltsam vereinnahm
> wurde." (ebd., S. 96.)

Während die Neuhumanisten streng zwischen Bildung und Berufsbildung unterschieden, sei spätestens seit der klassischen Berufsbildungstheorie zu Beginn des 20. Jahrhunderts eine Gleichwertigkeit von beruflicher und allgemeiner Bildung betont worden (vgl. ebd., S 98). Demnach formulierte Georg Kerschensteiner bereits 1904: "Die Berufsbildung steht an der Pforte zur Menschenbildung" (vgl. Kerschensteiner 1904, S. 94).

Bildungspolitisch sei dieses Gedankengut Kerschensteiners erst in den 1970er Jahren durch den Deutschen Bildungsrat von Bedeutung (vgl. ebd.). So sei es demnach nicht länger zu rechtfertigen die allgemeine Bildung einer nur beruflichen Bildung gegenüberzu-stellen (vgl. Deutscher Bildungsrat 1970, S. 30).

4.3 Bildungstheoretische Überlegungen Wolfgang Lempert

Nach Thomas Bienengräber versuche Wolfgang Lempert mit seiner Konzeption sozialer Bedingungen der Entwicklung moralischen Denkens einen Beitrag zur Analyse von Ver-änderungen moralischer Kompetenzen innerhalb der Arbeitswelt zu leisten. Da diese Entwicklung in Schule und Elternhaus vorbereitet und durch begleitende außerberufliche Sozialisation beeinflusst werde. Hierbei nehme er die Gesamtheit moralisch relevanter sozialer Anregungspotenziale und Barrieren im Leben der Individuen in den Blick (vgl. Bienengräber, S. 56).

Im Folgenden werden die bildungstheoretischen Überlegungen Lemperts dargestellt, um diese später auf einen Implikationszusammenhang hin zu analysieren. Lempert be-schreibt, dass die Tendenz des Wirtschaftssystems darin lege, die Entwicklung und der Einsatz moralischer Selbstbestimmung sowie sozialer Verantwortlichkeit der Subjekte blockiere beziehungsweise weitestgehend den Erwerb bloßer Erfolgstüchtigkeit reduziere, so dass diese sich um den Sinn und Konsequenzen folgender Generationen wenig ge-kümmert werde (vgl. Lempert 2003, S. 77).

Das neuhumanistische Bildungsideal, das in Punkt 2.2 kurz erläutert wurde, beschreibt Lempert in den 1960er Jahren zum einen als Vermittlung und Aneignung jener Kräfte und Fähigkeiten, die jedem Menschen zur Verfügung stünden und zum anderen als die Ausbildung besonderer Kompetenzen und Orientierungen, durch die der Mensch sich als einzigartiges Individuum entwickeln könne (vgl. Blankertz 1982, S. 33f f.).

In den 1970er Jahren kam es für Wolfgang Lempert zu einer kantianisch fundierten moralphilosophischen Umorientierung des beschriebenen Ansatzes, welche hier nur in Kürze zusammengefasst werden soll, um das Verständnis über den moralischen Anspruch für wirtschaftliches Handeln sowie dessen Lehren und Lernen zu verdeutlichen (vgl. Lempert 2003, S. 79 f.).

> „Gilt der moralische Anspruch der wechselseitigen Achtung alle Menschen als autonome Vernunftwesen [...] ausnahmslos – dann muss auch wirtschaftliches Handeln nach diesem Gebot reguliert, koordiniert und bewertet werden. Dann erscheinen nur noch diejenigen Personen – unter sonst gleichen Bedingungen – uneingeschränkt respektwürdig, die sich auch als Wirtschaftssubjekte an moralischen Grundsätzen wie Gerechtigkeit, Fürsorglichkeit, Wahrhaftigkeit [und] Toleranz [...] orientieren [...] das auch als Gebot der Achtung vor der Menschenwürde bezeichnet werden kann" (Lempert 2003, S. 80)

Bildung und berufliche Bildung, die folglich miteinander kongruieren, müsse um diesen moralischen Anspruch zu erfüllen, „die uneingeschränkte Förderung der betreffenden moralischen Kompetenzen und Orientierung umfassen" (Lempert 2003, S. 81). Hierdurch ist es obligatorisch, dass berufliche Bildung nach Blankertz (1964) übernommen als ökonomisch-sozialethische Bildung gestaltet werden müsse (vgl. Lempert 2003, S. 81).

Blankertz argumentiert, dass diese moralischen Defizite der wirtschaftlichen Wirklichkeit „durch eine politische Kritik der Technologie, die den ökonomischen Sachzwang von Menschen über Menschen entlarvt [werden muss]" (Blankertz 1966, S. 86).

Lempert spricht hierbei auch von einer ökonomischen Pseudologik wie der Mangelbekämpfung durch Mehrverbrauch versiegender Ressourcen und Wirtschaftswachstum als Dekonstruktion (vgl. Lempert 2003, S. 82). Er argumentiert, dass ein (Nicht-) Handeln bereits zeigt, wie sehr wir der herrschenden Wirtschaftsweise verfallen und in diesem System integriert seien. Weshalb es notwendig sei für menschliche Würde, soziale Verantwortung, ökologische Vernunft und zukünftigen Generationen zu handeln (vgl. Lempert 2003, S. 84 ff).

Zusammenfassend bilanziert Wolfgang Lempert, dass seine bildungstheoretischen Überlegungen über die moralische Rahmung, Regelung und Gestaltung des Wirtschaftslebens

und die moralische Erziehung äußerst anspruchsvoll seien, da „die Kompetenzen die nö-
tig sind, um moralisch bedeutsame Unterschiede von Situationen zu identifizieren, situati-
onsadäquate Entscheidungen zu treffen und überzeugend zu begründen, warum in einem
Falle so und im anderen Falle so gehandelt werden sollte, erst mit jener höchsten Moral-
stufe erreicht [werden] [...]" (ebd. S. 93) die nur ein geringer Prozentsatz der Bevölkerung
erreichen kann.

5. Bildungstheoretische Anknüpfpunkte

5.1 Relevanz beruflicher Bildung einer nachhaltigen Entwicklung

Im Wesentlichen geht es bei der beruflichen Bildung für nachhaltige Entwicklung darum,
den Menschen zu befähigen, im beruflichen Alltag im Sinne einer nachhaltigen Entwicklung zu handeln (vgl. Hahne 2006, S. 376). Folglich ist die Aufgabe einer zukunftsorientierten beruflichen Bildung für nachhaltige Entwicklung, die Lernenden dazu zu befähigen,
sich selbstständig in neue Themen einzuarbeiten sowie ihr eigenes Handeln kritisch zu
hinterfragen. Zusätzlich zur Vermittlung von fachspezifischen Wissen, soll gleichzeitig die
persönliche Entwicklung sowie das Bewusstsein für gesellschaftliche, globale und ökologische Verantwortung gefördert werden (vgl. Uhlmann/ Vogel 2007, S. 21).

5.2 Implikationszusammenhang der bildungstheoretischen Vorstellungen Wolfgang Lemperts mit denen einer nachhaltigen Entwicklung

Bei der Berücksichtigung einer nachhaltigen Entwicklung in der beruflichen Bildung lassen
sich die bildungstheoretischen Überlegungen von Wolfang Lempert mit denen einer nachhaltigen Entwicklung auf einen gemeinsamen Nenner bringen. Um zu analysieren, ob es
einen Implikationszusammenhang zwischen den zwei eben genannten Überlegungen
gibt, ist es zunächst wichtig, die Begrifflichkeit des Implikationszusammenhangs kurz dar-
zustellen. Der Begriff Implikation wird sprachwissenschaftlich als eine logische Folgerung
im Sinne von „wenn...,dann" verstanden, er wird auch Einbeziehung einer Sache in eine
andere definiert (vgl. Internetquelle 3). Laut Jank und Meyer gebe es keine Ziele „an sich",
sondern nur Ziele die in Bezug zu spezifische Inhalten und bestimmten Methoden stehen.
Es gebe demnach auch keine Inhalte „an sich", sondern immer nur im Blick auf die Ziele,
die mit ihrer Hilfe erreich werden sollen (vgl. Jank/ Meyer 2002, S. 55).

De Haan stellt mit der Kompetenz zum moralischen Handeln – also die Vorstellung von
Gerechtigkeit als Entscheidungs- und Handlungsgrundlange nutzen zu können – eine
wichtige Voraussetzung für das eigene Handeln im Sinne einer nachhaltigen Entwicklung
dar (vgl. de Haan 2008). Betrachtet man Wolfang Lemperts bildungstheoretische Überle-

gungen, zeigt sich, dass auch er argumentiert, dass um den moralischen Anspruch aller Menschen, berufliche Bildung nur erfüllen kann, wenn sich an die uneingeschränkte Förderung der moralischen Kompetenzen orientiert werde. Demnach habe, wie bereits mit de Haan aufgezeigt, auch bei Lempert berufliche Bildung als ökonomisch-sozialethische Bildung gestaltet zu sein (vgl. Lempert 2003, S. 81).

Lempert argumentiert weiterhin, dass es notwendig sei sowohl für menschliche Würde, soziale Verantwortung sowie ökologische Vernunft zukünftiger Generationen zu handeln und sich nicht nur mit aktuellen Problemsituationen zu befassen (vgl. Lempert 2003, S. 84ff.). Dieser Argumentationsgrundlage befolgt de Haan in seinem Kompetenzkatalog ebenfalls, wenn er als Teilkompetenz einer nachhaltigen Entwicklung von der Fähigkeit zur Empathie und zur Solidarität spricht, da das Konzept der Nachhaltigkeit ebenfalls eng mit dem Ziel verbunden ist, mehr Gerechtigkeit zu schaffen. Hinzufügend entspricht die Forderung Lemperts einer sozialökonomischen und zukunftsorientierten beruflichen Bildung de Haans in seinem Kompetenzkatalog, wenn er von Partizipationskompetenz spricht, also der zentralen Bedeutung für eine zukunftsfähige Bildung, die notwendig sei, um sich an nachhaltiger Entwicklungs- und Gestaltungsprozessen zu beteiligen (vgl. de Haan 2008).

6. Fazit

Es lässt sich festhalten, dass zwischen der beruflichen Bildung und den in den vorherigen Punkten und hier dargestellten Aspekten einer nachhaltigen Entwicklung sowie den bildungstheoretischen Überlegungen Wolfang Lemperts ein Implikationszusammenhang zu konstatieren ist. Gleichwohl konnte aufgezeigt werden, dass die berufliche Bildung im Rahmen der nachhaltigen Entwicklung relevant ist.

Die Definitionsvielfalt der Begrifflichkeiten Bildung, Nachhaltigkeit sowie nachhaltige Entwicklung zeigt allerdings, dass die nicht mögliche Abgrenzung der Begriffe zu einer Herausforderung für die Wirtschafts- und Berufspädagogik zu sehen ist. Das umfangreichste Problem stellt daher diese Definitionsbreite der einzelnen Begriffe dar. Wie bereits aufgezeigt, handelt es sich bei Bildung um eine komplexe Leitidee, die zu unterschiedlichen Definitionen und Betrachtungsweisen führt. Demnach ist der Begriff der Bildung unpräzise und sichtlich schwer abgrenzbar. In dem Kontext der beruflichen Bildung für eine nachhaltige Entwicklung bestehen die Schwierigkeiten darin, dass je nach Definition der Begriffe unterschiedliche Handlungsnotwendigkeiten resultieren (vgl. Fischer/ Hahn 2005, S. 17). Ebenfalls weist auch der Begriff der Nachhaltigkeit beziehungsweise der nachhaltigen Entwicklung eine Komplexität auf, der durchaus Orientierungshilfen liefert, allerdings kei-

ne festen Regeln oder Theorien an denen sich orientiert werden kann (vgl. Fischer/ Seeber 2007, S. 10). Hinzu kommt die Frage bezüglich der Dimensionalität ökonomischer
Bildung. Die derzeitige ökonomische Bildung lehrt weiterhin nach den Denkmustern von
Volkswirtschaftslehre und Betriebswirtschaftslehre. Hierbei werden die Rollen und Probleme von Verbrauchern, Berufswählern, Arbeitnehmern sowie weiteren Akteuren systematisch auf die ökonomische Dimension reduziert. Hieraus ergibt sich der Akzent auf Effi-
zienz und Unternehmertum, also einer stark wirtschaftlich basierten Denkstruktur, die den
realen Anforderungen nicht gerecht werden können (vgl. Internetquelle 4).

So hat die geforderte Kompetenzförderung Wolfgang Lemperts oder auch de Haans, die
moralisch-ethische Bezüge kristallisiert, es schwer sich im Rahmen von ökonomischen
Denkmustern zu bewältigen. Berufliche Bildung für nachhaltige Entwicklung kann allerdings keine ausschließliche Sache von Instruktions- und Vermittlungsprozessen sein, da
sie auch auf ethisch-moralischen Einsichten über Zukunftsfähigkeit, Gerechtigkeit, ökologische Verträglichkeit sowie ökonomische Leistungsfähigkeit und soziale Verantwortung
abzielt (vgl. Hahne 2007, S. 14). Mit dem in der Einleitung angesprochenen Verweis auf
die Agenda 21 muss sich die Berufs- und Wirtschaftspädagogik der Herausforderung einer nachhaltigen Entwicklung stellen. Dies kann allerdings erst geschehen, wenn die Dimensionen der ökonomischen Bildung nicht mehr starr an ihrem Korsett aus traditionellem
Wirtschaftsdenkmustern festhalten und sozial-ethische Bildung ermöglichen.

Literaturverzeichnis

Bienengräber, T. (2002). Vom Egozentrismus zum Universalismus. Entwicklungsbedingungen moralischer Urteilskompetenz. Vom Egozentrismus zum Universalismus.

Bokelmann, H. (1964). Die ökonomisch-sozialethische Bildung. Problem und Entwurf einer didaktischen Theorie für die gymnasiale Oberstufe. Heidelberg.

de Haan, G. (2004). „Politische Bildung für Nachhaltigkeit". Aus Politik und Zeitgeschichte (APuZ), Bd. 7, Heft 8, S. 39-46.

de Haan, G.; **Kamp,** G.; **Lerch,** A.; **Martignon,** L.; **Müller-Christ,** G. & **Nutzinger,** H.-G. (Hrsg.) (2008). Nachhaltigkeit und Gerechtigkeit. Grundlagen und schulpraktische Konsequenzen. Berlin, Heidelberg. Springer.

de Haan, G. (2002a). Die Kernthemen der Bildung für eine nachhaltige Entwicklung. In: ZEP. Zeitschrift für internationale Bildungsforschung und Entwicklungspädagogik. Heft 1. S. 13 20.

de Haan, G. (2002b). Schule und Bildung in der Wissensgesellschaft. In: Beer, W. et al. (Hrsg.): Bildung und Lernen im Zeichen der Nachhaltigkeit. Konzept für Zukunftsorientierung, Ökologie und soziale Gerechtigkeit. Schwalbach. S. 81 101.

Diettrich, A., **Hahne,** K., **Winzier,** D. (2007). Zeitschrift des Bundesinstitus für Berufsbildung. Ausgabe 05/07. S. 8.

Deutscher Bildungsrat (1970). Empfehlungen der Bildungskommission. Strukturplan für das Bildungswesen (2. Aufl.). Stuttgart: Klett.

Enquete-Kommission „Zum Schutz des Menschen und der Umwelt" des Deutschen Bundestages: Konzept der Nachhaltigkeit. Vom Leitbild zur Umsetzung. Deutscher Bundestag: Bonn 1998 S. 31. f Zit. nach Seeber, G. und Krämer, J.: Zum Begriffsverständnis von Nachhaltigkeit. In: Fischer, A./ Seeber, G. (Hrsg.). Nachhaltigkeit und ökonomische Bildung S. 52.

Fischer, A., **Seeber,** G. 2007. Nachhaltigkeit und ökonomische Bildung. In: Fischer, A./ Seeber, G. (Hrsg.): Nachhaltigkeit und ökonomische Bildung. Bergisch Gladbach. S. 1-14.

Fischer, A. (2003). Im Spiegel der Zeit: Sieben berufs- und wirtschaftspädagogische Protagonisten des zwanzigsten Jahrhunderts.

Fischer, A. / **Hahn,** G. (2005). Berufliches Lernen und gesellschaftliche Entwicklung unter dem Druck der Ökonomisierung. In: Fischer, A. et al. (Hrsg.): Berufliches Lernen und gesellschaftliche Entwicklung. Festschrift zum 60. Geburtstag von Michael Ehrke. Bielefeld. S. 12 27.

Hahne, K. (2006). Berufliche Kompetenzentwicklung für nachhaltiges Wirtschaften im Handwerk am Beispiel Energieeffizienz / nachhaltiger Umgang mit Energie. In: Tiemeyer, E., Wilbers, K. (Hrsg.: Berufliche Bildung für nachhaltiges Wirtschaften. Konzepte Curricula Methoden Beispiele. Bielefeld. S. 375 386.

Hobbensiefken, G. (1996). Beruf. In H. May (Hrsg.). Lexikon der ökonomischen Bildung (S. 69-71). München. Oldenburg.

Hauff, V. (1987). Nachhaltige Entwicklung. Unsere gemeinsame Zukunft. Der Brundtland-Bericht der Weltkommission für Umwelt und Entwicklung. Greven: Eggenkamp.

Jank, W., **Meyer**, H. (2002). Implikationszusammenhang. Praxisbuch Meyer: Didaktische Modelle, Buch mit didaktischer Landkarte. Cornelsen.

Kerschensteiner, G. (1904/1966). Berufs- oder Allgemeinbildung? In G. WeWe (Hrsg.), G. Kerschensteiner: Berufsbildung und Berufsschule. Ausgewählte Schriften (Bd. 1, S. 89-104). Paderborn: Schöningh.

Kremer, M. (2007): Der lange Weg zur Nachhaltigkeit. Zeitschrift des Bundesinstitus für Berufsbildung. Ausgabe 05/07. S. 3.

Lempert, W. (2003). In: Fischer A. (Hrsg.). Im Spiegel der Zeit: Sieben berufs- und wirtschaftspädagogische Protagonisten des zwanzigsten Jahrhunderts.

Michelsen, G. Studienbrief Nachhaltigkeit. Grundlagen einer Nachhaltigen Entwicklung. Lüneburg.

Rebmann, K., **Tenfelde**, W., **Uhe**, E,. Berufs- und Wirtschaftspädagogik. Eine Einführung in Strukturbegriffe. Gabler.

Tremmel, J. (2003). Abbildung 1. Nachhaltigkeit als politische und analytische Kategorie. Der deutsche Diskurs um nachhaltige Entwicklung im Spiegel der Interessen der Akteure. München: ökom-Verl.

Uhlmann, M., **Vogel**, C. 2007: Berufsbildung und Nachhaltigkeit. Ein Handbuch zur Gestaltung nachhaltigen Lernens in der beruflichen Bildung.

Internetquelle 1: „Zwölf Modellversuche des BIBB", unter:

https://www.bibb.de/de/pressemitteilung_45311.php (abgerufen am 28.08.16)

Internetquelle 2: „Beruf", unter: http://www.duden.de/rechtschreibung/Beruf#Bedeutung1 (abgerufen am 25.08.16)

Internetquelle 3: „Implikation", unter: http://www.wissen.de/fremdwort/implikation (abgerufen am 29.08.16)

Internetquelle 4: „Expertise über ökonomische Bildung", unter:
https://wap.igmetall.de/docs_0187443_Expertise_Hedtke_Bessere_oekonomische_Bildun
g_f633f152095df96551fa0d7e32164b2282bd96e2.pdf (abgerufen am 04.09.16)

BEI GRIN MACHT SICH IHR WISSEN BEZAHLT

- Wir veröffentlichen Ihre Hausarbeit,
  Bachelor- und Masterarbeit

- Ihr eigenes eBook und Buch -
  weltweit in allen wichtigen Shops

- Verdienen Sie an jedem Verkauf

Jetzt bei www.GRIN.com hochladen
und kostenlos publizieren